때론 화끈하게 가끔 자유롭게

때론 화끈하게 가끔 자유롭게
손 순 자 제3 시집
도서출판 농민문학

1판 1쇄 펴낸날 ‖ 2023년 5월 20일
지은이 ‖ 손 순 자
그 림 ‖ 손 순 자
펴낸이 ‖ 조 한 풍
기 획 ‖ 도서출판 농민문학
펴낸곳 ‖ 도서출판 농민문학

등 록 ‖ 2016.04.17(제300-2016-46호)
H · P ‖ 010-6368-6929
전 화 ‖ 743-7474
팩 스 ‖ 766-0474

ISBN 979-11-964495-9-9(0380)

잘못된 책은 바꿔 드립니다
값 15,000원

손 순 자 제3 시집

때론 화끈하게 가끔 자유롭게

도서출판 농민문학

♣ 시인의 말

  참 많이도 흔들리면서 버텨 낸 침묵 속 시위가 어쩜 내겐 그것들이 주파수를 던져주었는지도 모를 일입니다.
  C19로 인해 모든 걸 단절시켰던 그날의 악몽들이 결국 살아남는 조금은 어색한 듯 하지만 비상 탈출구를 열고 닫아야했던 매순간들마다 따뜻한 손길을 내밀었던 가족의 사랑으로, 은근슬쩍 그 흔한 은유를 빌리지 않아도 거뜬히 건너가는 방법을 배웠습니다.
  시시때때로 변주를 주던 긴 겨울강이 풀리고 봄날의 우아함으로 다가온 詩란 너에게 반했을 때처럼,
  즐비한 양념을 덤으로 얹지 않아도 새록이는 희망의 연등 속에, 또 나는 남실대는 무희들처럼 고운 빛 날개를 달 것입니다.

2023년 5월
지은이 예을/손 슨 자 씀

시인의 말 | 손 순 자 ⋯ P4

제1부 | 하늘을 날다 ⋯ P7
제2부 | 그곳에 가면 ⋯ P39
제3부 | 때론 화끈하게 가끔 자유롭게 ⋯ P71
제4부 | 가을은 떠나가고 ⋯ P101
제5부 | 7월의 기도 ⋯ P131
제6부 | 절정의 순간처럼 ⋯ P157

서평 ⋯ P185
때론 화끈하게 가끔 자유롭게 뒤에
남은 명작들 | 신 현 득

발간사 | 조 한 풍

제1부 하늘을 날다

패러글라이딩 - 1	8
패러글라이딩 - 2	10
첫사랑 - 2	12
첫사랑 - 4	14
장마	16
인연 - 2	18
인연 - 12월	20
월미도	22
사과도 아닌 것이 사과처럼	24
백목련 꽃그늘 아래	27
야간 지하철	30
동행	32
달달하게 혹은 달콤하게	34
그리움 - 1	36

하늘을 날다
- 패러글라이딩 -1 -

온통 나를 흔들어 대던 바람과
두 손을 마주 잡고 내통하던 날
바람의 길을 따라 서툰 언어들이
소리란 소리 다 열리게 했던
그 길 위엔 소백산과 단양팔경을
내 조리개 안으로 들어오는
행운을 얻은 건

날개 달지 않고도 지상을
날 수 있는 내 둥지의 작은
조각배 같은 낙엽의 위력을
마주 대하는 오늘
자연의 힘을 보여 주고 있다

흔들리는 만큼
스릴 속에 교차 되는 무수한
마력들이 오가고
서늘한 가슴을 쓸어 내려도
구름 위 길을 내고 있는 건
아직은 짜 맞추지 못한
퍼즐처럼 내 길 위에
희망이란 놈들이 꿈틀거리고
있기 때문이다.

- 패러글라이딩 -2 -

가끔은 내가 꿈꾸는 그곳
맘껏 유영해 보면
일상의 찌들었던 것들이
확 날아 갈 것 같았던
것들이 눈앞에 펼쳐지는
이 광경들

내 눈을 해독하기엔
짧은 시간이지만
잠시나마 정화된 몸과 맘을
힐링하는 거
그래서 더 소중함을

뚜렷하게 이렇게

하늘 위에 흔적을
남겨 놓은 거
세상을 한 번쯤
살아 볼만 하다는 거

그로인해
조건 부여하지 않고
사랑 그 놈과 친숙해 지는 거.

첫 사랑 - 2

새벽을 여는 사람들처럼
까만 밤을 하얗게 다려내는 건
들쑥날쑥 이는 시간의 관절들이다

선뜻 너에게 다가서지 못하고
기다림의 연속으로 촛점 잡아야하는
일상을 태연하게 또 하루를
보내는 내 안의 넌 분명
뜨겁게 달군 심장이 요동치는
소리일 것이다

막연히
까만 밤이거나
속살 드러낸 하얀 아침이거나

아무런 상관없다

가만가만 두 귀 쫑긋 세워
내 울안 갇혀 사는 넌
분명 토해 내지 못하는
내 첫 사랑의 그림자일 터

설레임으로 마주 앉는 날
온통 초록물결로
접선되어 한 송이 꽃으로
피어나리라.

첫 사랑 - 4

탱글탱글한 저 보름달의 자양분도
어둠의 터널에서 오래도록
인고의 시간을 보냈을 터

어둔 밤이
하얗게 물들어 오를 때
태양의 분신도
빛의 한 가닥 소용돌이는
그 만의 깊은 아집이 있기
때문일 것이다

오늘 그 속에 탱탱하게
박혀있던 저 심지 같은
그리움 하나 툭 내 발등에

떨어져 내린다
빈곤한 내 첫 사랑이었다.

장마

야무지게 햇살 퍼붓던 검은 날들이
연속으로 이어지고 맥을 끊기게 한 것은
7월 장마가 오고부터였다

수직과 만나
하나가 되기 위해
그 무더위도 얼마나
인고의 시간을 보냈을까?

때론 차분하게
가끔은 사선 그으며
마냥 흔들어 대던 빗줄기들

우리가 알 수 없는 끈적거림도

저 높은 곳에서 뛰어 내릴 수 있는
여름날의 전령사들은
오늘도 그 복병이 터졌나 보다

무작정
뛰어 내려야 제 삶의
주춧돌 부여잡고 일어 설 수 있는
제 무게만큼 흔들리며
다시 태어나는 긴 장마는
여전히 또락또락
창가를 두들기는 건
그들만의 설법을 교차하기 위한
유일한 꿈들의 통로가 있기 때문이다.

인연 - 2

너에게 가는 길은
멀고도 험난한 가시밭길이다

푸른 수채화를 수없이 그렸다 지우는 일 반복되고
어둡고 사연 많은 점선으로 이어져
끝내 가 볼 수 없는
그곳에 곧은 심지 같은 맘으로
달달했던 속 깊은 온정으로

차마
꺼내 놓지 못하는
익을 만큼 익어 버린 거미줄처럼 얼키설키한
미로의 통로 길 위에서

스스로 목숨 줄 놓는
저 암팡진 심장의 터널에선
여전히 바람의 힘으로
갇혀 버린 흔들리는 것들에
집합소이다.

인연 - 12월

가슴에 묻어 두어야 하는 것과
머리로 비워내는 것은
참으로 가슴 아픈 사연을 끌어안고
있는 것은 분명하다

태양의 분신이 온 몸으로 작열할 때
슬그머니 찾아 온 여름날의
까맣게 타버린 풋사랑 같은
인연의 끄나풀은 당당하면서도
가슴 조이는 날도 많았다

어느 누구도 볼 수도
만질 수도 없는 숭고한 터널의
그리움이 차오르듯

깊은 사연의 연결고리가
전과로 남는 걸 미처 몰랐다

묻는 것과 비워내는 것은
필사적으로 내겐 공존해야
하는 운명 같은 끝자락에
서서 비틀거리는 것은
끝내 오지 않을 것 같은
날들이 스멀스멀 오고
소리 없는 침묵은 벗어 날수
없는 나의 몸부림이었다.

월미도

월미도 그곳에 가면
수많은 인파 속에 끼룩-이며
날아오르는 갈매기들

그리고 알맞게 익어가던
검은 바퀴자국이 새롭게 하고
어느 소녀 시절의
기억을 더듬게 해주던 친구의
흔적이 아름아름 떠오르고 있다

부산을 떨며 인천까지
달려간 곳
그곳엔 아무렇지 않게
오가던 뱃길이 열리고

희뿌연 물푸레 같은
사연들 휘감아 돌았다

사랑
그것 아무렇지 않게
보내려 했던
우리에겐 시간의 관절들만
삐걱이고 그 사이 빼꼼히
틀에 박힌 또 하나의 사연들
어스름 내리는 그곳에
살포시 내려앉는다.

사과도 아닌 것이 사과처럼

다된 저녁 시간
노을빛은 누군가를 홀리게 하는
역광을 가득 품은 한 마리 맹 열한
사자가 뛰어 나올 것 같다

가끔은
잔잔한 리듬 속 어린 양떼들
무리 지어 화들짝 놀라는
기습적인 표출도 하면서
나에 신경 줄이 툭 멎는 듯한
심장부는 오르락내리락 할 때쯤
결국 오고야 말았던
부재 중 신호음이 두 번째 찍힌 내 폰 안엔
싸늘한 검은 사자의 뒷모습은

참으로 맹혹하면서도 당당하게 들어
앉아 있다

그날 이후
흔들렸던 무수한 사연들
갈팡질팡 한숨 토해내던
가슴앓이들
난사되지 못한 언어의 폭행과
숭고한 아침 식탁 위 만찬이
뒹굴고 있다

꺼내 놓지 말아야 할 설익은 사과문은
저 혼자 슬픔에 지쳐 있는 관행문들

언제 봇물처럼
터질지 모르는 달달한 사과 속
단물 잊은 지 오래
사과도 아닌 것이
사과인 척 하는 건
차마 더 이상 봐 줄 수가 없는
내 울안 가득 고인
무언의 압박에 창살 없는
감옥이다.

백목련 꽃그늘 아래
- 딸에게 -

아직은 찬 기운이 남아 있는 이른 아침
봉긋 솟아 오른 백목련꽃 모습은
내가 민낯으로 바라볼 수 없을 만큼
무수한 사연을 안고 있는 듯하다

긴 겨울 강을 건너와
봄날의 우아함으로
오케스트라 연주회 준비로 한창
달뜬 어느 날 밤
그 작은 음표들의 하모니소리는
은빛 찻잔 속 또 다른 화음이 나오곤 했다

늘, 버팀목으로 함께 인줄 믿었던

어린 날들은 얼룩진 피멍으로 새겨둔 채
슬픈 것들이 가득 고인 건
내 분신에 피해갈 수 없었던
생채기였던 것이다

그 아픈 기억을 지워버리기엔
너무 멀리 걸어왔지만
백목련 꽃그늘이 연초록의 감옥이 되는 것처럼
하롱하롱 떨어져 내리던
저 아름다움의 결정체를
승화하기엔 시간이 좀더
걸릴 뿐

오랜 시간 침묵과 마주 앉아도

내겐 소중한 너였으니까
괜찮다, 괜찮다
다 괜찮다고 보듬어 준다.

야간 지하철

미끼가 시야에서 멀어질까 싶어
성급함으로 무작정 먹었던 것이
수시로 토해 내고 말았던 거

눈멀어
촉각 곤두세워 먹고 게워내 길 수차례
어떤 곳에선 맛난 것들이 많아
과식하고 말았던 거

욕심은 결국 탈이 나는 법
달릴수록 느슨한 몸의
부피가 안정감을 찾아 갈 때쯤

나도 어느 곳인가
그의 뱃속에서 꿈틀 대고 있었던 거

이제 난 인덕원이란
허리 중간 부분에서
탈출을 시도 할 것이다

그 자유의 기쁨을 누리기 위해
앞으로만 내쳐 달려 갈 것을,

동행

누군가 내 뒤를 졸졸 따라다니는
낯익은 그림자 하나 보인다

내 인생의 설계구도에 점선 하나
연결하지 않았는데
언제부턴가 내 심장부를 조율하며
오르내리는 볼 수도 만질 수도 없는
옹이 박힌 사연들 꾸역꾸역 먹을 줄만
알았지 토해 내는 방법을 몰라
늘 소화불량으로 앓아누웠다

사유를 모르고 살아 온 내게
먼저 손 내민 건 그 사람이었다
곱지 않은 시선으로

세상 밖으로 나가는 건
참 어렵지만 올바른 시 구절에
토하나 달지 못하면서 그 사람
용기를 내가 접수하기로 했다.

달달하게 혹은 달콤하게

비들의 합주 속에서 우산을 펼치니
그대
슬그머니 내 우산 안으로 들어와
함께 동행 하잔다

아카시아 향기가 요동치는 오월의 길목엔
내가 어찌 하지 못하는 그리움이 박혀 있다

맘 편하게 속살 드려 내지 않아도 잘도 둥지 틀어
어긋나듯 짝 맞춰 그려 낸 하얀 저 허공 위
거꾸로 매달린 꽃대들

그대의 한 맺힌 설움 같아

옹고집으로 촘촘하게 내 울안 파고들더니
어느새 달달하게, 혹은 달콤하게
정박되다니

그리움의 끄나풀은 이렇게
향기로 풀어
펼쳐진 우산 안으로 들어 선
그대 유혹에 낯선 이국 풍경에 산그늘도 잠시
머물다 가는 초저녁이
아슴했던 그날.

그리움 - 1
- 어머니 -

때 이른 봄날 새싹으로 만나
우리 살 부대끼며 담벼락에
기대어 속삭이던 달콤함들
익숙히 않아 흔들렸던 것도
지워지지 않는 자국으로
파랗게 멍이 들었네요

토해내고 싶은 욕심자락
맘껏 대성통곡으로 여름날
소나기처럼 눈물 흘리고 나면
먹먹했던 가슴 후련해 질 까요

그땐
그것이 아니었다고

억지를 부리던 것도
살다보니 울긋불긋 온통 가을을
닮아 뻣센 혈관 속
아우성의 소리만 요란스럽네요

그 끝자락엔
부산스럽게 떠난 낙엽 닮은
내 어머니의 흔적 가득 담은
눈물로도 채울 수 없었던
그 둥근 것들의 틈새로 스멀스멀
타고 오르는 그리움 남실남실 차오르는 날
어머니는 가을을 따라 낙엽 이불을
덮고 계시던 성급한 우리들과의

긴 이별은 지금도 싸한 가을바람만
마른버짐처럼 번져가네요.

제2부 그곳에 가면

그곳에 가면 40
그러니까 왜 그랬어 42
40년 만의 해후 45
개천절 날 동심축제를 불태우다 48
팔월과 구월 사이 50
반야사 가는 길 52
첫 눈 - 1 54
첫 눈 - 2 56
햇살 맑은 오후 58
눈뜨고 꿈꾸다 60
겨울 같은 봄날 62
상사화 64
木백일홍 66
감꽃 68

그곳에 가면
- 안압지 -

작은 것에도 촉각곤두 세웠던
소녀시절 서로 손 편지 주고받던
나 아닌 또 다른 소녀 있다

시대적 변천으로 소녀티 벗어나
만날 수는 없지만 그 소녀
안압지에서 찍은 사진 보내오던
그때부터 통 채로 경주 안압지를
가슴에 품었다

어느 유월 검푸르게 녹음 짙은 날
느리게, 아주 느리게 가는 무궁화호
기차를 타고 내가 찾아 간 안압지
흐르는 연못 끼고 배경 삼아

그 애 띤 소녀의 사진이 교차하고
한동안 물 주름 접는 그곳에
나를 묻어 두고 반쯤 기울어진
저녁노을 안으로
수 십 년 시간의 수레바퀴가
정박되던 그날처럼,

그러니까 왜 그랬어

작정하고 덤벼든 건 아니겠지만
좌 우뇌를 의심할 사이도 없이
나를 사로잡은 그날처럼
좀 늦긴 했지만
그 틈을 잘 메꿀 줄도 알고
사람 사는 냄새 폴폴 날리던
내 사람이라고 하기 엔 너무
먼 곳으로 보내야 하는 꼬깃꼬깃한
빛바랜 사연들

스멀스멀 차오르면
가던 길 멈출 수 없어 두 눈 부릅뜨고
마냥 앞만 보고 걷다가
부스럭 대는 소리에도 궁금증 많아

이미 내 속은 부글부글 차오른 한여름
태양의 정열처럼 광기를 품어낸다

서로에게 기댈 수 있는 언덕은
울긋불긋 수놓은 가을 들판의 향연이라지만
시심 가득한 낱알들만
오가고 이익분배 하자고 어렁 대던
나도 할 말은 많지만
이미 날개 접은 지 오래다

동심의 세계 꿈꾸던 우리가
세상공해가 되어
막다른 골목을 가는 내게
자문자답 한다

"그러니까 왜 그랬어"
시란 그놈한데 홀려 날밤 지새는 것도
타협이 필요했던 내겐
사랑하는 일만 귀하다.

40년 만의 해후
– 영동상고 1회 졸업생을 위한 축시 –

후끈 달아 오른 팔월에 심장소리가
고요에 침묵 깨는 소용돌이 속에서도
뭉텅뭉텅 쏟아져 내리는 그리움이
가부좌 틀어 헐겁게 앉아 있다

덧 칠 할 수 없는 세월의 무게만큼이나
웃자란 추억들이 목울대 타고
스멀스멀 차오르고 약속이라도 한 듯
대처로부터 하나의 작은 연결고리가
우리들을 달뜨게 한 그날

40년이란 긴 세월 속에
묻혀 진 수많은 사연들
기억에 가둔 지 오래지만

우리 이렇게 두 손 맞잡고
애써 말하지 않아도 교정에 남아 있는
지독한 꽃 멀미 속 동심세계의 축제는
오래도록 묵은 지처럼 남아
행복에 두레박으로 남실남실 차오를 것이다

연두 빛 꿈을 잉태시켜주고
헤프지 않은 엷은 웃음 뒤엔
탱탱하게 꽃대 부풀리는 달맞이꽃처럼
아름다운 연등을 내 걸 수 있었던 건

거나한 태풍이거나
잔잔한 물 주름이 겹쳐도
물꼬를 트이게 하는

저 먼 40년 전 푸른 우정에
해후 속 영상 인에 따뜻한
사랑에 온기가 튼실히 박혀
단단하게 영글어 가고 있음을,

'가슴에선 심장이 쿵, 쿵,
눈에선 하트가 뚝, 뚝, 떨어집니다
그리고 사랑합니다.'

개천절 날 동심축제를 불태우다
- 추풍령 중학교 28회를 위한 축시 -

하늘 길이 열리고
단군왕금이 고조선을 세워
기념하는 날에 그리움이
둥지 튼 것이 하나된 것을

반백의 세월 떠난 길 위엔 지금
우리 남아 있는 잔정으로 달여진
고귀한 사랑이란 걸
그땐 정말 몰랐다

바람도 쉬어 가는 추풍령 고갯마루
맞닿은 하늘을 닮아 속 깊은 머슴 아들아
교정에 달달함이 온통 스멀거리던
아카시아 꽃향기 머금은

곱디고운 가시네들아

비릿한 밤꽃 향기 취해 흔들리던
그날처럼 달달함과 한데 어울려
우리 우정도 탱탱하게 영글어 가리라

백두대간 운수봉아래 흐르던
정기 받아 까까머리 단발머리
꿈 많던 푸르름 그 속에
아직도 남아 있는 희망과
끈끈한 고향의 인연들은
오래토록 꿈틀거릴 것이다.

팔월과 구월 사이

그 사람 영역에 표시가 되는 줄도 모르고
수채화처럼 물감 풀어 놓은
그물에 낚인다는 건
내 안의 또 다른 둥지를 틀기 위함이다

내가 건너 갈 수 없는
사물의 직립들은 이미 누군가
탈출을 시도해 볼만도 한데
엄두조차 내지 못함은
아련한 아픔이 함께
가부좌 틀어 흔들리고 있다

팔월의 끝자락은 늘 위태롭지만
스스로 놓아 주는 것과

구월을 맞이하는 게
서툰 건 아직 설익었기에
좀 더 다독여야 한다

팔월과 구월 사이 꽉 끼어 있는
대책 없는 수식어들을
징금 다리에 내려놓지 못한 채
풀어도 끝나지 않을 것 같은
구멍 숭숭 뚫린 멍울들에
사유들만 득실댄다.

반야사 가는 길

다슬기처럼 어지럽게 꾸불꾸불한 길
돌고 돌아가는 길옆
나무들이 일열 종대로 계곡사이를
맞닿을 듯 참방참방 나풀대는
소리는 바람의 영혼들에
아우성처럼 가슴 싸하다

낮게 내려앉을 것 같은 구름은
평화를 상징하듯
유유히 흐르고 때론 내게도
스쳐 지나갔을 것 같은 옹이 박힌
인연의 끄나풀을 잠재운 채
소리란 소리 다 열리고
초점 잃지 않으려는 목탁소리가

청아 하게 뒹구는
반야사 풍경 속 배경은
맹 호한 호랑이의 전설처럼
후일담을 전해 준다

*반야사 : 충북 영동 황간면 백화산 반야사(대한 불교 조계종). 법주사의 말사로 851년 신라 문성왕 13년 무염국사가 창건했다고 알려짐. 세조가 피부병을 앓다가 영천에서 목욕 후 피부병이 나아 궁궐에서 어필하여 , 지금까지 반야사에 전해오고 있음.

첫 눈 - 1

내 심장이 마냥 펌프질 하던 날
타닥타닥 난로 속 장작들이
이끌 거리는 투명한 소리가
창문 타고 흘러내리고
어둠이 내려앉을 것 같은
하늘 아래 뽀송한 함박눈들이
티 없이 맑은 내 눈으로
들어오고 있다

간간이 들려오는 바람소리에
화들짝 놀란 내 심장부는 쿵쿵
소리를 내기 시작했고
교실 안 아이들은 우르르
창가로 모여 든다
온통 하얀 천국 같은 세상

운동장 구석 마다 다양한 문양 만들어
무작정 뛰어야만 살아 갈 수 있다는
현실도피를 보여 준 자연의 섭리를
처음엔 누구나 다 그랬을 것이다
첫 눈의 설레임처럼,

하지만 세월 지나
얼룩진 파편들로 인해
녹아내려야 했던 검은 자국들
초미세 먼지가 쌓여가고
둥둥 떠다니는 창문 넘어
세월의 흔적 빼꼼히 들여다보는
오후는 잔뜩 흐려 있다.

첫 눈 - 2

새벽부터 요란스런 풍경에 도취 되어
자리 털고 일어났다

잿빛 하늘 가득
낭창이던 저 탐스런 눈꽃들
내가 탐욕 할 수도 거부 할 수도 없는
자연의 섭리를 몸소 체험이라도 하라는 듯
아슬아슬한 창틀 소복이 쌓였다

손만 내밀어도 금방 사라져 버린
물기 찬 흔적만 남긴 채
아름아름한 보석처럼
기억 저편 나를 뒤 돌아보게 한
추억들만 꿈틀거리던

낯설지 않은 첫 눈이
온 종일 기쁨으로 가득 차올랐다.

햇살 맑은 오후

남아 있는 오후가 깝깝하여
뒤치락거리다가 햇살 촘촘히 들어오는
창가에 앉아 헤이즐넛 커피향기에
푹 빠져본다

가족들 위해 콩나물 천원 어치 보다
더 비싼 다양한 커피 문화에
언제부터 길들여졌을까

보리차 한잔이면 족했던 날들도 무수한데
너무도 시대적 감각으로 탈바꿈 하는
스스로도 싫지만 나도 모르는 사이
그 길을 가는 게 아닌 지
뒤집어 보는 시간의 굴레 앞에서

그저 한모금의 헤어질 녘
향기 속에 오늘을 행구어 낸다

그 속에 달달한 내일의 꿈이 가득
피워나기를 그렇게 오후를 촘촘히 엮어내며
이곳저곳 세상 구경 못한 곳
꾹꾹 눌러 가슴에 담아 본다.

눈뜨고 꿈꾸다

들숨날숨 속 새겨진 기포들이
이방인처럼 삶의 변주곡에
거미줄 되어 얼키설키 얽매인
널브러진 생각들은 앞서
내 발목을 붙잡곤 했다

바람의 가시들로 숭고한
스케치도 못한 밑그림이
구축을 잡기도 전 흔들릴까
빛도 받지 못한 어둠의
저장 파일들
내 것도 아닌
그렇다고 니 것도 아닌
자유를 울부짖는 몸부림이란 걸

지나쳐 온 아슴한 터널은
내겐 불안 불안한 시간의
파편들이 삐걱되는 알 수 없는
것들을 주입하려는
혼자만의 아집을 키워 온
만질 수도 볼 수도 없는
눈뜨고 꿈을 꾸는 것에
익숙해진 자유의 영혼들이다.

겨울 같은 봄날

무엇이 그리도 성급하여
흔적 없이 떠난 사람처럼
슬그머니 사라진 그가
톡톡 빗방울 튕겨 오르던
유리창 넘어 잔뜩 긴장 한 채
헐겁게 앉아 있다

그렇게 삼월의 길목을 건너
봄 햇살을 밀어 내고
또 다시 미련의 넋두리를
풀어 놓는다

상처 입은 봄꽃들
꽃잎 지는 줄도 모르고

사월의 춘설 속 신비에 광채는
꽃 진자리 설화로 탄생의 기쁨을
꿈꾸게 해주다니

마치 부지런한 내가 두툼한 겨울옷을
깊숙이 집어넣고
태연할 때 일기예보와 상관없이
찾아 온 내 자유를 덤으로 얹을 때처럼,

상사화

곧은 직선은 맑은 유리창에 부딪치며
남실남실 차고 들어오는 햇살과
낯설지 않은 어둠이 교류할 때
너스레 떨지 말고
가차 없이 자리 털고 일어나는 일 또한
버거울 때가 있다

한땐 나도 저 묵직한 어둠을
가슴팍에서 도려내는 심정으로
밀어내는 습성에 한없이 흔들림은
익숙지 않은 누군가의 낯가림으로
들어오는 또 다른 사유가 있을 것이다

아무도 몰래 슬그머니 오가던 내 가슴엔

옹이처럼 찰 지게 붙어 있는 애물단지 같은
그리움이 웃자라
빛과 어둠의 엇갈린 교차로처럼
붉은 경계선의 속울음만 토해낸다.

木백일홍

굴비두릅처럼 날 세운 적 참 많다

그 까칠한 비늘 잠재우려고
수많은 날들과 얼마나 마주 앉아
타협을 해왔던가

봇물 터지듯 쏟아지던 사연들도
바람의 입질로 맨들맨들 해질 때까지
속살 드러낼 땐
그 수치도 감싸 안으며
때론 핑크빛으로 물든 옛 이야기가
가슴 먹먹해질 때가 있다

그 누구도 범접 못할 숭고한

사랑을 주렁주렁 매단 건
백일간의 가둬 둔 붉은 액체의
아픈 생채기였던 것일 게다.

감꽃

깜깜한 어둠을 담장 밖으로 몰아내고
별처럼 반짝이며
나를 유혹하던
하얀 색도 아닌
그렇다고 노란색도 아닌
연하디 연한 아이보리 빛들의 광채는
북두칠성 만들어 희망을 내걸 수 있게 해주던
은은한 물결은 바람과 함께 쏟아져 내린다

속내를 다 토해내지 못해
은유를 가득 담아 빛바랜 하루가
엷게 퍼져나가는 그날 밤처럼
돌담 사이사이 가득 쌓아 올려
보는 기다림의 연속은

여전히 꿈틀거리는 영혼에 자유 찾아
툭, 떨어져 나온 자리엔
초록빛 꿈들이 주렁주렁 매달려
나를 흔들리게 하던
그리움의 흔적이었던 것이다.

제3부 때론 화끈하게 가끔 자유롭게

재회 72
사과 먹고 사과하다 74
낙엽 사랑 76
그리고 세월이 흐른 뒤 78
나를 구속하는 단톡방 80
와락 82
할미꽃 84
때론 화끈하게 가끔 자유롭게 86
오랜지 자스민 88
나 혼자 90
백운호수 둘레 길을 걷다가 92
후해 94
눈 위에 추억을 쌓여지고 96
낯선 외도에 가다 98

재회

밤인 줄 착각한 낮달이 길게
드러눕는 건
알려야 할 사유가 많아서 그런 게다

주마등처럼 스쳐가는 깨알 같은 사연들
일일이 나열하지 않아도
갑자기 울컥 토할 만큼 슬픔이 몰려온다

6.25의 아침
옛일이 조심스레 목 줄기 타고 있다
해가 거듭될수록 아버지는 그 때의
일들을 생생하게 산교육을 하셨다
이산가족이 될 뻔한 가슴 저미는
저 밑면의 애틋한 사랑을

그렇게 투박하게 꺼내 놓는 아버지
긴 한숨 속에 조금씩 굳어갔던
멀고도 긴 옛이야기

서울에서 추풍령까지 걷고 걸어 23일 만에
재회 했던 부모님
그것은 피비린내로 범벅된
기막힌 지울 수 없는 얼룩들이다.

사과 먹고 사과하다
- 결혼 34주년 기념일 -

지천으로 쌓이던 눈꽃들 사이로
웨딩마치는 울려 퍼지고
수줍고 앳된 소녀 같은 나도 풋사과처럼
탱글탱글한 젊음을 담보로 했던
오만한 날들과 백년 회로 계약 맺고
내 안을 들여다 볼 여유조차
사치라 느끼며 살아온 시간의 관절들

때론 흔들림과 직립하며
꽃 멀미로 지독한 몸살로 앓아누운 적도
풋사과가 탈바꿈 할 때
나를 달뜨게 했던 것도
붉디붉은 저 사과 아닌
사과들에 진행형이었던 것과

참 오랜 세월 고목나무처럼
마른버짐 번지면서 계절을
거뜬히 건너갈 수 있었던 것도
함께 동행해 준 그 사람의 넉넉함이란 걸
빛의 속도에 세월이었다

널브러진 생각의 차이성을
가끔은 신맛과 달달함으로
조합할 수 있었던 걸
온전한 겨울사과의 큰 역할
분담이 있었던 사실은
흥건한 진액달인 겨울사과 먹고
더 늦기 전 후회하지 않도록
사과를 해야겠다
오늘처럼 후끈 달아 오른 날.

낙엽 사랑

처음부터 그랬던 건 아니였다
팔월과 구월을 건너가는 사잇길을
힘에 버거워 했는지
이미 내 옆에 선 찬 공기를 밀어내기엔
너무 멀리 걸어 왔다

수 십 년 세월에 묻어야 했던
상처자국들
더 이상 토해 낼 것도 없는 듯한데
꾸역꾸역 내 가슴 속 울타리 칠
틈새도 없이 들어와 앉아 있다

오가는 발길 그 늪으로
받는 것보다 주는 것에 이미 길들여져

푸석해진 잔해들

그것들은 피눈물자국 일터
그도 그를 듯이
가는 길 막는 방법을 몰라
느슨하게 자유의 영혼은
구름 위를 떠도는 중인가 보다.

그리고 세월이 흐른 뒤
- 구미 원평성당 -

태풍 미탁으로 엄청난 폭우가
쏟아지던 그날
아무렇지 않게 떠난 여행길
꼭 한 번은 가보고 싶었던
꿈속에서의 환상들
얼마나 많은 날들이 오갔던가

35년이란 긴 세월 앞에서
무색 하리 만큼이나 설레임 가득 담고
조심스레 들어선 성전
그때나 지금이나 내 안에 흐르는
성스러움은 달라질 것도 없다지만
왈칵 솟구치는 그리움에 딴청 피웠던
그 사이 옹골차게 벽을 기어오르는

담쟁이덩굴은 나의 길었던 사연을
알고 있을 터

이곳 구미 원평 성당
내 젊음이 남실거릴 때 세례를 받고
견진을 받았던 잊지 못할 성전
주임 신부님의 따스함으로 돌아오는 길
온통 꽃길이 되었던
멀고 먼 35년 전의 때 묻지 않은
사연들 늦가을 그 리듬 타고
사그랑 사그랑 내게로
찾아 왔다.

나를 구속하는 단톡방

톡 톡 밤과 낮도 구분 없이
수시로 울리는 내 손안엔
세상과 소통해주는 신기루 같은
요괴는 참 든든하고
평생을 함께 할 동반자다

혼자 노는 방법도 익혀가고
누군가 유대관계를 잘도 만들어
단톡 방은 배가 고픈 지
시도 때도 없이 울어 댄다

규칙에 어긋나도 별 상관없다
어느 날부턴가 울림에서 무음으로
지독한 세상사를 너무 많이 배우게

해주니 더 이상 내 안엔
저장 공간이 부족하다

상대의 배려도 잊은 채
핸드폰을 열어 보면 수 백 개의
빨간 적신호들
아, 그게 구속이었다는 걸
알 때쯤 나는 슬그머니 자유를
찾아 떠났다.

와락

대한의 추위가 기승을 부려야
그해의 대풍을 기약한다는
속설들은 옛말이 된지 오래다

봄인 지 겨울인 지
계절을 가름하기도 아름아름한
어느 날
아파트 울타리에 빨간 장미꽃이
몽우리를 세상 밖으로 내밀어
바람을 저울질하고 있다

때론 가지 말아야 할 곳에
애써 맘 준 것들이 상처가 딱지딱지
앉으려할 때 까지 인고의 아픔을

견뎌야 했음을 알기에

저 장미의 용기에 찬사의
박수를 보내면서도 '와락'
내 밑면 도사리고 있던
계절 잃은 것들이 사락사락 차오른
그곳엔 여전히 냉전중인가 보다.

할미꽃

백두대간이란 입간판을 내건
산자락아래 이른 봄날
양지 바른 곳

붉게 아니 검붉게
보일 듯 말듯
무리로 피어나
유난히도 더디게 가는 산골마을을
술렁이게 해주었고
농부들은 땅 끝 마을에 온기 불어
잠자던 새싹들을 꿈틀거리게 했지

아름다운 계절의 신비성처럼
가장 낮은 자세로

깨달음과 슬픔이
봄의 끝자락 매달려 절레절레
하얀 머리 흔들며 멀고도 험난한 길
떠났던 저 청조한 영혼들

가만가만 오늘 밤
웅성대던 건 계절 잃은
봄날이 빛의 속도로 달려가고 있다.

때론 화끈하게 가끔 자유롭게

궁색한 변명이라도 하려던 양
이른 아침 산허리 자욱한 안개는
여전히 비를 불러 모우는 중인가 보다

연이어 내리던 장맛비가
싫증이라도 날까 자잘한 이음에서
또다시 굵게 직선으로 내리다
가끔 요란스럽게 투명한 유리창 넘어
와락 부서져 화합을 이룬다

먹구름 같은 가슴 언저리 쌓여 있던
피고름들 오늘은 맘 놓고
봇물 제대로 터졌다

뒤돌아 볼 여유조차도
부여하지 않았던 긴 터널
오락가락 그 빗속을 달려
살대 부러지고 찢겨 진 검정색 우산이
불현 듯 내 가슴에 피어오름을
따뜻한 모성이 자라고 있었던 건

어느새 자기만의 독특한 음색들
때론 화끈하고 가끔 자유롭게
또락또락 선명한 선 하나가
세계평화를 상징하는 둥근 웅덩이에
집합소가 되었던 거.

오렌지 자스민

작지만 매혹적인 향기가
거실 안을 가득 채웠다

부푼 꿈 안고 천리 길 마다 않고
달려 온 긴 시간들이
천리향 되어 되돌아오던 날밤
뜻하지 않은 올망졸망한 맘들
상처 받을까 두려움에 꽁꽁
감싸 안던 허물어진 틀 안에서도
당찬 옹고집으로 버티었다

가장 낮은 자세로 아니 가장 높은 자세로
단 한번 만이라도 뒤집기를 해보라던
가물가물한 먼 옛이야기가

사그락 사그락 차오르고
온전히 달달한 그 유혹에
어찌할 수 없었던 그리움은
밤을 게워 하얗게 수를 놓았다.

나 혼자

까만 간장 한 스푼 넣고
고소한 참기름 서너 방울 떨어 뜨려
양푼에 밥 비벼 먹을 때
상반되는 것끼리 어울림을 하는
것을 느껴 본 사람들은
누구나 공감대를 갖고 있을 것이다

무엇이든 혼자 해결하는
세상에 길들여진 현대인들의
문화를 접해야 하는 건
당연지사겠지만 나 혼자
까만 간장 밥을 먹을 때
어둠의 터널처럼
맘 열고 귀 열어 본적 별로 없다

까만 간장 밥이 너무 짜서
눈물 한 방울 떨구니
국이 되어 버린 건
공허한 맘 달래기 위함이 아닌가

오늘도 달라질 것 없는
까만 간장 밥을 나 혼자 먹어야 하고
혼자서 해결해야 하는 것들이
수북이 쌓여 있는 현실은
전광석화처럼 멀어져 가는
일상을 채운다.

백운호수 둘레 길을 걷다가

내줄 거 다 내주고
옹골찬 고집 하나로 버터 온
순간의 찰나에도 바스락 이는
발자국 소리에 스스로 놀라
가슴 조이던 나날의 훈장처럼
새 옷 갈아입는 것 또한 서툰 것을

아침 햇살 줄무늬가 은빛 반사되어
내 어깨 위 내려 앉아
뜻하지 않은 호강은 나를 달뜨게 한다지만
결코 서둘러 자리 털어 내는 법
또한 지고지순한 여린 맘을
시대의 변천으로 수없이
인고의 세월을 달여 내는 것 또한

어찌 할 수 없었다는 걸
오래 전부터 그들은
아픈 상처를 어루만져 줄 따스함이
필요했을 것이다
필연적으로 내 가슴 속 깊이
꾹 꾹 눌러 담은
앙상한 가시파일처럼.

후회

때론
개망초꽃처럼 수수함으로
이곳저곳 어디서든 튼실한
자생이 부러울 때도 가슴 밑면
도사리고 있지만
붉은 혈연 같은 저 장미의 완전 무장한
가시들의 무기가
잠시 스쳐 지났을 뿐인데
내 손에 피가 흐르고 난 뒤
아름다움 속엔 피고름 나는
아픔이 자란다는 걸 보았다

아는 듯 모르는 듯
슬그머니 땅거미 차오를 때

내 온몸으로 장미 같은 붉은
인연의 연결고리 만들어
오작교 같은 그리움만 키워
내던 날
이젠 그 여운마저 낯선 기호들로
더듬게 하는
때늦은 후회일 뿐,

눈 위에 추억은 쌓여지고

올 겨울 단 한번도 눈다운 눈을
구경도 못했는데 모처럼 귀한
눈이 내린다

바람에 흔들리던 나무들도
이내
하얀 눈이 쌓였다
구김살 없이 깨끗하게 정화된
눈의 천국
쉽사리 맘 돌릴 여유조차도 부여되지
않은 것처럼 붙박이가 되어
아직도 흔들린다니
끝없는 미로의 통로 같다

누군가 정분을 다 주고
사그라지는 순간의 찰나가
현실 앞에 있는 걸
이미 눈들은 알고 있는 터

세상 오염이 질척이는 그 늪으로
되뇌기며 누군가의 자양분에
기억을 더듬는 추억을
얹어 볼 참이다.

낯선 외도에 가다

뱃고동 소리에 바닷길 열리고
하얀 물거품 위로 날아오르던
갈매기의 뚜렷한 날개 짓은
필연적 살아남기 위한
생존의 법칙을 몸소 체험하는 거

그렇게 잠깐의 바다 전경은
이국적인 외도에 와 있었던 건
온화한 온실에서나 볼 듯한
외도의 겨울은 나를 낯설게 하고
어느 봄날 눈꽃송이 되어
매화꽃은 지천으로 흐드러져 있다

아니 그 뿐만 아니었다

온통 계절을 옮겨 놓은 것 같은 이곳
온실과 냉실의 차이성을
가슴으로 받아들이는
그 싱그러운 내 안의
푸른 집을 짓고 있었음을,

제4부 가을은 떠나가고

슬픈 벚꽃　102
눈꽃처럼 벚 꽃잎이 떨어지다　104
맨드라미의 향연이 붉다　106
배꽃 필 무렵　108
그리움 - 2　110
담쟁이덩굴　112
겨울 스케치　114
쇼핑을 즐기는 남자　116
진달래꽃　118
가족　120
복병이 또 말썽이다　122
하얀 꽃물　124
9월을 걷다　126
가을은 떠나가고　128

슬픈 벚꽃

비늘처럼 다닥다닥 붙어
하얀 저녁노을을 수 놓았다

아름다움이 경지에 오르고
그 희열의 기쁨을 차마
이겨 내지 못해 눈물 뚝, 뚝
떨구던 내겐 오만에 가득 찬
또 하나의 슬픔이 도사리고
있는 걸
말없는 어둠의 감옥은 여전히 침묵이다

그렇다
며칠 지나지 않아
눈꽃처럼 흩날리며 자유를 찾아

떠나고 나는 베란다 끄트머리
붙박이가 되어 절규하고 있다

보이지 않는 저 바이러스에서
언제쯤 해방될까
오늘도 넉넉하지 못한 먹먹한
전류만 흐른다.

눈꽃처럼 벚 꽃잎 떨어지다

형형한 바람의 입김으로
잘게 잘게 부서져 내리는
저 하얀 벚꽃 잎들 눈꽃처럼
곡선 그으며 흩날린다

행선지도 없이 무작정 길을 떠나는
모습은 내가 방황할 때
흔들리던 때와 흡사하다

숭고한 시간들을 고아낼 때
그 짧은 웨딩마치가 울려 퍼지던
인적 드문 산골에 반딧불처럼
희망의 끄나풀을 엮은 단아한 모습은
참으로 아름답다

녹음이 짙어가는 그 찬란한 봄날
청춘을 불태워 곱게 단장하고
가야 할 때를 알고
자리 틀고 일어나는 건
슬픈 영혼들이 모여
등불 되는 저 눈꽃 같은
벚꽃 잎들,

맨드라미의 향연이 붉다

가을을 타는 건지 유독 검붉은 빛을
발사하더라만 늦가을 쓰레기장 앞에
오종종하게 닭들이 모이를 쫓아 먹는 것처럼
제법 고개를 숙이고 졸고 있다

기세 등등 한 닭 벼슬을 무기로 삼아
무단 투기범과 양심을 버리고 가는
사람들에게 혼줄 이라도 낼 양으로
그 뜨겁던 태양도 잘 버터 냈다

점점 다가오는 가을 찬바람에
안간힘으로 견딘 허리가 이젠
휘어져 세월의 무게를 가늠하는 지
부서럭 대는 소리만 요란하다

가느다란 허리 곧추세워
자리이탈 없이 무인 카메라 역할
잘도 했는데 그 과녁의 *끄트머리*
붉게 타들어 가던 석양빛이
'절대 들어가지 마시오'
팻말에 서둘러 자리를 뜬다.

배꽃 필 무렵

돌담을 사이에 두고 일찌감치
뿌리내리는 방법을 터득했고
오지마을 어린계집아이가 혼자 집 보기란
두려움에 떨고 있는 날들 많았다

꼭 나를 닮은 병아리들과
농번기를 알리는 봄날은
보이는 것보다 볼 수 없는 것들이
더 많아 하루 종일 외로움의
목마름으로 시달렸다

똬리 틀어 긴 겨울잠 자던 모든
만물의 소생 속에 하얗게 봉긋 솟은
배꽃은 따뜻한 온기를 내게

풀어 주었다

내가 대처로 떠나고
우리 집 담장 옆에서 몇 해를
시름시름 앓아눕더니
어느 날 먼 길 떠난 너
내 유년시절을 배꽃으로 수놓던
그 담장 옆엔 진한
피고름 같은 얼룩들 가득하다.

그리움 - 2

그리움은 봇물 터지 듯
한꺼번에 솟는 다는 걸
최근 들어 심지가 되어 더
바글바글하게 달아오른다

세월의 무게는 묵정으로 가만가만
지내더니 언젠가 바깥 외출을
하고 싶었나 보다
나보다 먼저 저 만치 달려가고 있다

스쳐 지나가는 것들은 모두가
인연이 되어 하나씩 늘어나고
우듬지의 잔가지가 흔들릴 때
소리 내어 울던 기막힌 사연도

털어 놓는다

짱짱했던 기풍도 어느새 사그라 들고
내겐 잔채기로 남아 있는 그리움의
앙금만이 붉게 노을 진 석양처럼
까만 씨앗만 영글어 간다.

담쟁이덩굴

혼들리는 것들 사이로 어둠은 내려앉고
서로가 기대야만 살아 갈 수 있는
공존의 세계는 늘 아슴아슴 하기만 하다

뻐센 혈관의 줄기도 아니면서
모든 걸 혼자 해결하려는 습성은
꼬리표처럼 따라다녔고
마주 앉는 것도 이골이 난다고 그 흔하디흔한
한마디의 넋두리도 못했다

힘들어 했던 순간마다 보듬어 주어야 했던
그 사람은 오르락내리락 제 갈길 찾아 갈 줄
아는 눈치 빠른 게 무기라 하지만
내가 바보인지 인간미가 넘치는 건지

안으로 삭혀내려는 건
또 다른 결례가 될 거란 걸 예측하고 있었다

곪아 터질 때까지 움츠렸던 내게
목 줄기를 타고 올랐던 때늦은 가을 담벼락
타오르던 붉은 담쟁이덩굴도 속내를
훤히 내보이는 건 남아있는 잔여분까지도
희망의 메세지를 내걸었을 것이다.

겨울 스케치

우리 오래 전부터 뒤돌아 볼 때
흔적을 남기지 말라던 낯익은
얼굴은 하루도 지나지 않아
또 다시 주문처럼 꺼내 보는
관례 행사가 되어 버렸다

푸석하다 못해 딱딱하게
굳어 버린 윤기 잃은 민낯은
시간을 돌리고 싶은 애잔함에
차마 어쩌지 못하고
또다시 뒤돌아본다

가슴 밑면까지 다 퍼주어도
끝이 보이지 않은 미로 같은 터널처럼

볼 수도 만질 수도 없는
속 깊은 인연이었다면
눈길 위 발자국은 미완성된
아집들의 집합소라는 걸까

너무 가혹한 형벌이라 해도
눈속 눈은 여전히
순간포착처럼 뒤돌아보게 하는
긴 여운이었나 보다.

쇼핑을 즐기는 남자

즐비하게 늘어진 현란한 조명등은
쇼윈도를 낮과 밤을 구분할 수 없도록
오가는 사람들이 매력에 푹 빠질 만큼
유혹 시킨다

푸른 빛 뚝, 뚝 떨구는 산골 오지 마을
혼자란 외로움을 털어내기 위한
현실도피처럼 왔던 길 되돌아가며
그럴싸한 비주얼을 짜 맞추기 바쁘다

사람들이 북적대는 도시를
맘껏 활보하며 그가 날개를 달듯
그 어디서든 멈출 줄 모르는
현실 감각은 고요를 깬다

사내는 통째로 도시와 흥정을

빼곡히 쇼핑카에 눌러 담아 넣고
탈출을 시도해 보지만
과분하게 먹은 탓으로
울컥울컥 게워 내고 있다

먹을 줄은 알았지만
소화 불량이 된다는 걸
미처 몰랐던 게 분명하다.

진달래꽃

아련한 생채기에 똬리 틀어
온몸 은둔하려 골골이 흩어져
방황하던 유년 시절
나지막한 산등성이 연분홍 빛
진달래가 마냥 좋았던 한때도
있었으리라

단아한 숭고함 같아
함부로 접근 못하고 설렘에
허기지던 그때도
피고름으로 밀어 올린 저 지순함에
서민적인 꽃 같아

서럽게 울먹이던 어느 봄날

그리움만 은근슬쩍 드리운 채

그 은유란 놈한테 홀려
한참을 곁눈질 그 안으로 남실남실
차올라 통통하게 살 오르던
애틋한 인고의 봄날이었다.

가족

가까울 것 같으면서도 저 만치
등 돌려 울분 토해 내는 일 가끔은 있다

치지 말아야 할 곳에 웃자란 잔가지가
울타리를 만들어 한없이
침묵의 강은 무언의 압박감으로
하얀 서리 김 내뿜어 본 일들이
더 소중한 뿌리 내리는 방법이란 걸
오래 전부터 조금씩 익숙해져 갔다

쓴맛 단맛 다 우려 낸
긴 여정의 길
세월 지나고 보니
붙박이처럼 늘 그 자리 고집하며 기다림의 미학을

알게 해준 것도 작은 공동체 안의
가족이란 연결고리다

우후죽순 늘어나던 아집들에
가지치기도 때론 필요하지만
햇살 맑은 날엔 정성을 표현해 줄 수 있는
기회 만들어 주는 여유로움과 감싸 안은
그곳에 웃음꽃이 재충전 할 수 있는
둥지라는 건
최고의 인생선물과
기쁜 희열의 사랑이다.

복병이 또 말썽이다

웃자란 것들이 더 이상 기다림의
연속이 지루했던 모양이다

안으로 스며들었던 수많은 시간에
인고의 강은 저장 공간이 부족했던 건지
내 몸 구석구석
피어오르던 것들을 들 날숨 한 번에 싹-뚝
잘라 내더니만 모든 게 잠잠해져 갔다

말줄임표에 더 호감을 갖던 자기만의
영역 표시는 편애한 이들의
잰 걸음은 아예 자리 깔아
뼈아픈 것들만 군락 한다

돌아서야 끝날 것 같은 이 예감들은
단 한 번도 어긋난 적 없었지만

내 몸안 숨어 도사리고 있을
화농의 무게를 매단 상심한
유효가 늘그막이 바라볼 뿐
넘쳐흐르는 연례행사는 여전히
진행형이라니 그 복병 참 요사스럽다.

하얀 꽃물

황사와 초미세먼지 속에서도
마른버짐 자라던 흉터의 언저리에
연분홍빛 꽃물 터지는 소리는
하현달처럼 흐릿하게 흘러 내렸다

밤마다 꿩음처럼
발악하던 그 모습은
철창 같은 어둠의 터널은
그 누구도 어쩌지 못했다

연이어 울려 퍼지던
찰진 음율 그 안 가득 품은
아슴아슴한 기포들의 한숨소리와
아집들의 조율도

툭하고 한 번의 욕망에 늪은
어느새 꽃바람으로 나를 설레게 했다

이 황홀한 밤을
그 누구도 범접 못할
성스러움을 조심스레
가슴으로 담았다.

9월을 걷다

손으로 만져 지지 않고
육안으로 보이지 않는
미세한 것들이 바람 타고
내 피부에 와 닿으니
달력 속 구월이 성큼성큼
걸어 들어온다

여름 내내 가뭄 속에서
잘 버텨낸 인고의 시간들이
후끈 달아 오른 들녘 풍성함도
나를 달뜨게 했던
초록물결로 풀어 놓는다

이런 날

흔들림 들이 한데 모여
그 울타리 안에서 소근 거리던
옛 이야기들 수북이 쌓여지고
내 귓전 들리는 풍경 소리가
요동치는 그곳이 궁금하다.

가을은 떠나가고

푸른 기억을 더듬이 게 해준 그곳엔
낯선 풍경들이 직립된 듯 즐비하게
들어 앉아 있다

아무렇지 않게 바람의 결은 까칠함을
느끼게 했고 옛 것이라 곧 찾아 볼 수가 없는
언덕배기 가로수만 일탈을 꿈꾸고 있다

오밀조밀 크고 작은 집들은 오간데 없고
길 다란 골목길 대신 재건축이란
입간판이 대신 말해 주는 듯하다

빤히 내려다보이는 공터 부지에 핑크 빛
물들이던 코스모스 꽃들의 축제도 무르익어

가고
　얼룩진 지문까지도 등에 업었던
　그림자를 하나씩 지워갔다

　철제울타리 문이 열리고
　맑은 날들이 오가고 성냥갑 같은
　높은 빌딩에서 새어 나오는 불빛은
　누드처럼 드러눕고

　검붉은 바람이 불어오는 날
　빨간 단풍잎들은 탈출구를 찾느라
　앙상한 가시들로 제 몸을 감싸 안는다

　자박자박 어스름이 차오르고

가끔씩 우—우 소리 내 우는 바람은
역주행 하듯 희뿌연 분탕질을 한다

그렇게 낯설지 만은 않게 성큼 다가왔던
가을도 짧은 여운만 남긴 채
오래된 기억들을 저 녹슨 자물쇠
안으로 주렁주렁 매달고 이따금씩
터져 나오는 속울음을 삼키고 있다.

제5부 7월의 기도

세탁기는 무음으로　132

봄날 태풍　134

7월의 기도　136

일탈을 꿈꾸며　138

새해 첫날　140

설마 그놈의 코로나 19가　142

저 하늘에서 만나　144

지금은 부재중　146

사월은 불안해　148

골담초꽃　150

꽃길 걷던 날　152

때론 나도 흔들린다　154

세탁기는 무음으로

가면 속 갇혀 사는 그 사람의
일상은 늘 들쑥날쑥 하다

세상 오물 다 뒤집어 쓴 양
온갖 불만으로 가득 차 올라
잘근잘근 거짓부렁으로 씹어 삼키다가
억척스런 단어 하나 구사하여
마냥 난사 할 요량이다

텅 빈 주머니 속사정이라
칭얼대다 가도 보이지 않는
가면 안에선 자기 할 도리하드만
누구를 겨냥 할 것인 지 오늘도
긍정일 것이다

보여 주는 것만 화사하던 자기만의
영역의 아집들이 누구에겐 독이 된다는 거
어찌 보면 상대를 속여야 함을
고운 둥지라 할 수 있을까

눈을 뜨고도 알 수 없는 세상
오만한 자태 모두가 정화되어
균열되지 않게 최 첨 단식 버튼
하나면 끝나는 저 광랄함이
허물을 벗을 때까지
무음으로 빳빳하게 돌려보는 거.

봄날 태풍

겨울로 되돌아가려던 바람의
가시들과 동반하여 가만 가만
다가오던 봄의 전령사가 몹시도
부러웠던 것일 게다

집채만 한 크기로 소리의 관통은
두려움에 사시나무 떨듯
떨어야 했고 사각 틀에 매달린
창문을 집어 삼킬 듯
자잘한 파편 조각을 내고서야
오던 길을 되돌아간다

이럴 땐 나도 어떠한 대책도 없고
무방비 상태로 온몸으로 막아 내는

일 밖에 없으니
참으로 처참하다

내가 울분을 토해내고 싶은 날
있는 듯 없는 듯
조용한 리듬 속에 길들여져
감당하기 힘들 땐
살포시 내려놓는 평온을
봄들은 이미 알고 있는 터
화사한 웃음 꽃 벙글 게
해주고 있으니,

7월의 기도

삼복더위에 허기진 나날들
연속이어도 새 생명 탄생은
기쁨이었을 터

가난에 찌들이고 붉은 것은
더 붉게 피워 오르던 장미꽃도
한 낮 더위엔 시들거렸고
모든 게 허탈한 것들로
굶주린 배를 채웠던 7월의 길목엔
심한 열병으로 앓아누운
흔적이 까맣게 타들어 가고 있다

그곳에 초점 잡지 못한
언어들이 굴러 다녔고

그 지독한 가난을 견뎌내야 했던
끈질긴 것들은 늘 내 발목을 잡고
늘어지기 일 수였는데
그것들이 이렇게 숭고함으로
다가 올 줄이야

하얀 백지 위 쓸어 놓던 것들이
이렇게 달달함으로
칠월 탄생의 기쁨을
어머니의 사랑 그 붉디붉은
장미꽃에 뿌리부터 끌어 올린
진액들이 고스란히 남아 있는
흔적들이다.

일탈을 꿈꾸며

속울음 삭여내던 것들이
곪아 터질 만큼 견딘 흔적들이
한꺼번에 발악하는 것처럼
말짱했던 하늘엔 번개천둥이
마냥 난사되고 비들은
투명한 유리창에 미끄러지듯
흘러내린다

나도 저렇게 마른 날들 연이어
보내다 급체하여 토해내던
속앓이처럼 오늘은 한참을
거실을 서성이다
순간의 찰라 번개 속 빛을

오래토록 묵은 지를 보내고
또다시 후강을 볼 수 있다는
기대치는 살아가는 순리인 것임을
여전히 쏟아져 내리는 저 비들의
합주는 자연의 아름다운 리듬인 것을
내겐 일탈을 꿈꾸는
징금 다리가 될 수 있겠다.

새해 첫날

어둠의 베일 속을 뚫고 뚜벅뚜벅
걸어가는 저 사람에겐
분명 희망의 신호기가 있는 것일 게다

까칠한 내 새벽잠 흔들릴까봐
까치발로 걷던 흔적은
어느 듯
모락산의 여명을 다 받아 온 듯싶다

새해의 첫 기쁨을
희망사항으로 전율된
스마트 폰"속에 저장된 파일은
기해년의 꼼지락 임으로
그 사람 등불이 되길

말하지 않아도 소중 함들이
내 안에 들어 앉아 있다.

설마 그 놈의 코로나 19가

쉽사리 입을 열수도 없고
열어서도 안 되는 일들은
피멍으로 가슴가득 차오르는 것은
당연지사다

조금만 숨통 트이게 귀 열수 없고
그렇다고 귀 닫을 수 없는
현실 앞에 그저 먹먹한
일상들과 마주 앉은 날도
꽤 여러 날 되었다

감히
보이지 않는 그 작은 인플루엔자의
번식에 속만 타들어 가고

사람과 사람을 피해야만

생존 가능한 현실 앞에
묵묵부답이 기쁨으로 승화할 수
있다는 기대치가 있는 건지
알 수가 없다

초비상 사태인 순간들이
적과의 전쟁은 필사적으로
살아남기 위한 몸부림일 것이다.

저 하늘에서 만나

누군가 꼼짝 할 수 없는
틀 안에서 전쟁놀이를 하다
이젠 돌이킬 수 없는
선택을 하려는 낯선 기호들이
들쑥날쑥 하는가 보다

때론 단내 풍기던 날들도
아픔을 가슴으로 삭여내야 하는 날들도
저 초승달이 속살을 가득 차올라야
조금씩 알 것이다

환호성 울리며
믿음으로 격려와 박수를 아끼지 않는 건
희망이란 것들이 버티고 있었고

금은보화를 보고도 탐욕하지 않았던 건
서로의 약속을 지워버리고 싶지
않았던 터라
어찌 할 수 없는 막막한 마지막이란 걸
암시라도 하듯
귓전을 울리는 비수 같은 언어들이
바글바글 나를 흔들리게 한다.

지금은 부재중

늘어나는 부채가 소화기능을
잃어 갈 때처럼 빛에 균열도 초점 못 잡고
꼭두각시 행세는
대면 대면하듯
골 깊어 가는 검은 날들이
숨통 조이게 하는 3월의
마지막 날

수없이 되 뇌이던 경계 비상태세가
울분을 토해내지도 못하고
가슴 가득 고인 건
덤으로 얻는 것만 알았지
내공을 채워가야 한다는 걸
생각조차 못했다

꾹꾹 눌러 담아 놓은 아집들이
금방이래도 터질 것 같은
일상을 탈출해야 만이
살아남을 수 있다는 것을
보여 주는 걸
널브러진 생각들을 조립하기에도
그들만의 뼈센 고집들에
세포들이 경각심만 울려댄 뿐

그로인해 온기로 채워 간다는 건
상상도 사치인 것 같아
부재중임을 입간판으로
내걸고 싶었다는 건
막연히 철지난 후회만이 출렁인다.

사월은 불안해

흉흉한 생각들이 어지럽게
뒤섞여 놓던 사월은 온 세계에
퍼져 있는 그 흔한 말처럼
참으로 잔인했다

집요하게 통로가 차단되고
허공에 떠있던 불순물들이
살갗에 와 닿을 때마다
불안에 떨며 가슴은 가시밭길로
얽혀 있던 길

분분한 생각들은 나를 제압하고
흔들리며 그들과 마주해야 하는 것도
더 이상 에너지를 소멸시킬 수 없어

오늘은 결단코 한판 붙기로 했다

작정하고 덤벼 든 건
사월의 잔인함이 아니라
스스로 목줄 조였던 거
자리 박차고 일어나는 순간
그리 흔하지 않던 사월의
기풍 속에서도 햇살은 투명하게
빛나고 있다.

골담초꽃

아스라한 봄날
그 누구의 눈치 볼일 없이
연노랑 꽃 이파리 수줍게 돌담 넘어
은은한 눈빛 교환은
우리의 첫 만남이었다
너와 나

훌쩍 자라버린
소녀의 꿈들이 채 영글기도 전에
도회지로 떠나야 했던
우리 집 뒷터 담장에선
해묵은 사연들 꾹꾹 눌러
소리 소문 없이 사라진 그날처럼

까마득한 시대를 건너온
보이지 않는 흔적들
내줄 거 다 내주고
가슴 아련히 차오르는 건
삐걱거렸던 너의 분신이란 걸.

꽃길 걷던 날

산다는 건 참 험난하면서도
스릴을 즐길 수 있는 한 번쯤은
꼭 가볼 만하다

응당히 꼭 해야 하는
직시적인 국회 선거 사전투표를 하고
모락산 둘레 길을 돌아오는 길
벚꽃들이 지천으로 피워 눈꽃처럼
하얗게 날렸다

바람을 관통하고 하염없는 염원으로
하루가 어긋나지 않는 순간이 되길
나라님들 심사숙고하여
평온의 자유에 리듬을 잘 지켜야 하는

바램은 무리 지은 저 벚꽃 잎들과 흡사하여
행선지가 어둑어둑하다

엎치락 뒤지락
서로 티격태격 우격다짐으로
내 심장에선 거꾸로 세상을
광불케 한다

험난한 저 벚꽃들의 아슬아슬함처럼.

때론 나도 흔들린다

내가 살아가면서 바람만 흔들릴 줄
안다고 믿었다

볼 수 없는 관통들은 모두가
제 자리에서 본능에 충실하다고
스스로 입과 귀를 자물쇠로 꽉
채웠었다

내 생에 최고의 봄날만 있을 것 같은
예감들은 나이 들어감에
하나씩 닫혀 있던 문을 열게 되었다

보지 말아야 할 것들
내 불순물로 되돌아오고

그로 인해 몸 져 드러눕던 날들
속울음 삭혀내고서야
또 한고비 고개를 넘는가했는데
사람과 사람의 흔들림에 바람은
잠잠할 줄 모르고
끝내 그것이 씻어 낼 수 없다는
절규의 선택이란 걸

오늘도 먹먹한 사유를 담은
수많은 바람들이 훈풍으로
되돌아오길 들쑥날쑥한
가슴 언저리만 쓸어내린다.

제6부 절정의 순간

그 겨울 동백꽃　158
화려한 외출 뒤엔　160
가을 여인　162
눈 내리는 밤　164
사랑의 기법　166
겨울강 건너 봄이 오고 있어　170
사물함을 정리하며　172
그리움 - 3　175
꽃길은 늘 위태로워　176
목련꽃 떨어지다　178
절정의 순간처럼　180
작은 바람에도 나는 흔들린다　182

그 겨울 동백꽃
- 외도 -

제 몸에 열기를 감당 못하고
후끈 달아올랐던 사계절의
따뜻한 온기를 품어 주던
한땐 초록의 꿈들이 탱글탱글
영글어 갈 때도 있었다

엄동설한 추위에도 붉게 타오르던
그해 겨울은 열정으로 부비 대던
수많은 인파 속에서도 웃음 잃지
않으려 무한대의 잣대를
고스란히 끌어안은 채
숨죽여 토해내던 수많은 사연들
그래도 괜찮다고 스스로 다독였다

내겐 또 하나의 동백을 싹 틔어야만
살아가는 현실을 순조롭게 마주
대할 수 있다는 건
흰 눈 속에서도 붉은 자기만의
아집들의 똬리가 낯설지 않게
촘촘히 엮어 순화하고 있었다는 것을.

화려한 외출 뒤엔

구축 돌을 잘 쌓아야 흔들림 없이
갈 수 있다는 사실조차 믿기 어려웠던
모양새처럼 화려함 그 안에는
늘 새로운 설계 구도를 그려 넣는다

해가 거듭나기를 한다 한들
달라질 것도 없을지언정
계획된 것들은 이탈하기 일쑤다

서로 다른 환경들의 신비에 존재도
그렇다고 딱 부러지는 심장의 열기도
아무것도 가진 게 없다는 걸
그저 자기 색깔 짜 맞추기 바쁘다는 게
변명 아닌 변명으로

사내의 살아내기는 무척이나
버거워서 무작정 감추려고만 했던 것이다

수없는 날들과 마주 앉아
서로의 안부를 대신 물어보곤 하지만
한 번 떠난 그 달뜨는 날들은
다신 돌아오지 않는 먼 곳으로
떠나보내고 있었다

거짓은 진실이 되어 내 매듭진 올가미를
하나씩 풀어주고 있었으니까.

가을 여인
- 셋째 언니 -

괜시리 너스레를 떨고 싶고 누군가와
긴 대화의 연결고리를 갖고 싶은 날에
불쑥 추풍령 사는 언니와 조카들이
가을 추수의 냄새를 한 아름 안고 찾아왔다

때마침 C19의 마지막 손님을 막 보내려는
찰라가 나의 발목을 잡았고 난
그 찐득한 세균들과의 전쟁을 단판
짓기 위한 몸부림을 치고 있었다

멀리 있어도 옆에 있는 것 같은 울 언니
아버지 돌아가시고 가사의 노동을
두 어깨 짊어지고 나를 대처로 유학 보내고
참 당당하고 용기 있는 모습에 주눅 들지

않았던 우리 집 기둥이었다

세월의 흔적만 물씬 풍겨내는
그 가을의 끝자락에 소담스런 옛이야기도
못 나누고 거리를 두어야 했던 그날처럼
내게 가을 여인 되어 들어앉은
그 언니의 풋내 나는 그 시절이
눈물겹도록 아쉬움과 그리움의 올가미만
치고 있다.

눈 내리는 밤

어둠을 관통하지 못한 무리수들이
이내 떡갈나무에 가부좌를 틀었고
하얀 빛이 반사되는 창문 넘어
아스라이 흔들리는 것들은
모두가 자유의 영혼 되어 훨훨
춤추듯 방황을 하는듯하다 가도
자기만의 개성을 내포하려는 무희들처럼
둥글게 하늘 위로 맴돌다
지상으로 내려온다

한밤중 어느 무도장에 들뜬 맘으로
산허리를 바라보는 행운을 얻은
오늘 밤은 그리 쉽사리 잠이 올 것
같지 않은 예감으로 한동안

나는 붙박이가 되었다

나도 그랬었지
감수성 예민한 이들의 시야에서
놓칠 수 없어
오래된 기억으로 남겨지길
잠시나마 행복의 도가니를
가슴으로 담아내며
어둠이 점령해도 하얗게 쓸어 놓은
수많은 언어들의 탈출구를 나는 보았다.

사랑 기법

늦가을 콩 타작을 막 끝낸 마당 귀퉁이
콩들이 아프다고 두런대는 소리가
들릴 듯 말듯 가물가물하다

그날 난 엄마한데 힘겹게 콩들에게
매질할 것을 나에게 도리깨질 세례를
주었고 무작정 난 집을 탈출했다
길목 헛간에 숨어 무서움에 떨며
곧장 후회를 했지

총총 별들이 보석처럼 내려앉고
달빛은 어서 되돌아가라고
환하게 길을 안내해 주었어

엄마의 신음 소리가 심장을 뜨겁게 달구던
내게도 한땐 삐딱 선을 타고 싶은
풋내 나는 어린 시절 모든 게
거꾸로 보일 때가 있었어

너도 그랬었니
그래서 나만 보면 얼레고 안아 달라
그렇게 칭얼댄 거니

그때 울 엄마처럼 나도 돌아가고 싶을 때
  꾹꾹 눌러 담은 것들이 화병이 되는 것을 처음 알게 되었어

  시시때때 손 내밀면 금고가 꽉 차 있는 게

아니라는 걸

세상 살다 보니 눈에 보이고
가슴으로 참아내는 일 일상으로
되어 버린다는 교훈도 얻었지

근데 넌 꼬리표처럼 내 허리춤에 찰싹 붙어
좋아하는 것도 아닌
그렇다고 사랑하는 것은
더더욱 아닌 현실도피는
무거운 올가미의 가부좌일 뿐이다

보이지 않은 속울음을 삭여내는 일
슬그머니 그때 엄마는

사랑의 기법이 타닥타닥 튕겨 오르던
도리깨가 아니었나 싶기도 하다

뜬 눈으로 지새 이던 나날들의 생채기가
까맣게 딱지 앉으면
그땐 해맑은 꽃들이 찾아올 테니까
애써
은유를 빌려 쓴다는 건
무리한 일탈의 삐걱 이는
관절이라는 거.

겨울 강 건너 봄이 오고 있어

얼렸다 풀렸다 반복되길 수차례
지난 겨울 유난히 맹추위가
기승을 부렸지만 오는 듯 가는 듯
그 사이를 틈타 결국 봄이 오는
통로가 열렸다

다신 오지 않을 것 같은 겨울 강은
꽁꽁 얼어붙어 코로나19와 맞물려
더 에워싸야만 했고 햇살마저
구름을 이불 삼아 은둔 생활을 했다

오지 말아야 할 길
따뜻한 온기가 사라지고
온정보단 서로가 멀어져야

살아갈 수 있는 참 춥고 어두운
터널 속에서도 봄은 그렇게 살포시 내려앉았다

아지랑이 가물가물 몸과 맘
훌훌 털어 숨쉬기조차 버거워 했던
지난 시간 그 아찔한 통로를 건너
백목련 꽃은 수줍게 피어오르던 날
사나운 바람과
도도한 자태는 빛으로 온몸 발산하며
사르르 녹아내리는
가장 영롱함으로 우리 곁에 왔다.

사물함을 정리하며

20년 동안 잔손 때가 묻은 사물함과
이젠 악수를 건네야 하는 시간들이
기어코 오고야 말았다

설마 했었는데 장기화된 C19로 인해
2년간 단 한 번도 열어보지 못했던
사물함을 비워야 한다는 폰 문자를 받고도
난 체육센타를 찾지 않았다

어떠한 대책이 있을 거란
기대치도 뾰족한 방법이 없으니
아침마다 열고 닫았던 내 소중한
보물창고의 월세를 빼라 하니
오랜 세월의 무게로 서운함이 맴돌았다

다 잘될 거란 기다림의 연속으로
오픈 때부터 생동감 넘치게 운동하던
긴 시간들이 뼈아픈 상처로 남는 듯하여
몇 번이고 다독여 보고 애써 웃음 짓던
그 자리엔 또 다른 희망의 연결고리가
자리매김하겠지만 우리 2002년부터
함께 했던 에어로빅 회원들과
무수한 사연들이 걸어 나올 것 같다

그때의 에너지로 튼실한 몸과 맘을
가졌으니 행복이란 단어도 떠올릴 듯싶지만
왠지 서운 함들이 더 먼저 가슴을 저며 온다

핑크빛도 아닌

그렇다고 빨강도 아닌
노을빛 그늘이 얼룩져
이렇게 흔들림의 언저리에
가부좌 틀다니
먹먹한 생채기는 한동안 나를
졸졸 따라다니겠지

내가 사랑했던 나날들과
내가 사랑했던 사람들과,
자물쇠로 꽉 채운 사물함이
오픈되던 그날 광랄한 저 끼들을
주체할 수 없어 마냥 흔들리는
그 리듬을 타고 또다시
우리가 하나가 되는 그때를,

그리움 - 3

동지섣달 그믐밤을 하얗게 달여진
그 길 위로
은근슬쩍
둥지 튼
저 보이지 않는 골 깊은 파편
그리고 다시 꿰맞춰 보는 일
여전히 성업 중이다.

꽃길은 늘 위태로워

벚꽃 잎들이 왕소금 뿌려진 듯
하얗게 흩날리던 그런 날 밤은
반쯤 기울어진 것 같은 하현달도
내 어깨 위 내려 앉아 다소곳이
딴청 피우듯 대화를 한다

절정에 다다른 아름다움의 순간
누군가 희생을 해야 공존할 수 있음을
자연의 법칙을 잘 알고 있는 것도
그리 범상치는 않는 현실 감각이다

단 한 번의 거듭나기로 흔들렸던 건
소금 끼 먹은 하루 일상의 범벅으로
누군가에겐 그 화려함 속엔

상처의 짓무름이 고여 있을 수도
있는 얼키설킨 사연들이 꿈틀대는
이면의 가면이 낭창 이는 궁금한
그 통로였던 것이다.

목련꽃 떨어지다

누구의 인기척을 들은 적도 없는데
하얗게 날밤 지새 이던 나날의 횟수가
늘어나고 알 수 없는 신열에 시달리던
그날 밤도 혼자 속내를 달래곤 했다

신비롭게도 뾰족한 자태를 품은 저 허공에
아무런 음표를 달아주지 않았는데
바람의 악기가 만들어 준 선물인가
겹겹이 쌓아 놓은 목련 나무에 악보가
걸려있는 건 아마도 오늘 밤은 무도회가
열릴 모양이다

그렇게 시시때때로 무도회가 열리는 사이
관객은 다 떠나가고 목련꽃 나무 아래

무수한 저 이파리들은 점점 시야에서
멀어지고 오는 듯 마는 듯하던
봄길 위에 밤새 토해내던 내 생채기의
아픔에 아집일 것이다.

절정의 순간처럼

가뭄에 시달린 나날들의 흉터 자국이
움푹 패인 근심 걱정을 가득 쓸어안고
살아가는 현실은 늘 갑갑한 일들만
연이어 따라 온다

마른하늘에 번개 치듯
급하게 쏟아져 내린 비들의
또랑한 소리들에 명징어처럼
내 귀를 마구 흔들었고 창틀 고인
빗물은 어느새 평화의 상징어와
조화를 이룬 화합의 물무늬를 찍고 있다

가끔은 나도 흔들리고 싶을 때
무작정 돌 직구를 선택해야만 했던

그날들을 가슴으로 새겨 넣어야
직성이 풀리는 나만의 철칙일 뿐이다

오늘 이렇게 하늘이 느슨하게 끄나풀을
풀어 헤치고 지상으로 내려오는
저 비들의 합주가 바로 절정의
순간이란 것을.

작은 바람에도 난 흔들린다

급체했을 때 울컥울컥 게워냈던 그날처럼
바람이 내 전신으로 입김을 불어 넣어
주었을 그 순간
내 언어가 어떻게 분산되었는지
온통 캄캄해진 커튼 사이로
내 몸엔 굵은 주사 바늘이 나를 주시했고
서러움에 울분 짖게 했던 미세한 바람들은
여전히 나를 동행했다

빼곡한 잡념들이 가득 들어앉아
메모리가 부족해진 그 옹이들이
갈 길 잃어 이곳저곳에서 툭툭 튀어
나오는 내 분신의 아우성들이
나를 두려움에 떨게 했고

시도 때도 없이 내 오장육보가 흔들리고 있다

가끔은 쉬어 갈 정거장도 필요할 터
파란만장한 순간의 선택은 결국
내 소유인지라
오늘도 오르락내리락 이는 그 중간 지점에서
난 바람의 형체들과 뒹굴어야 했고
따뜻한 내 손길이 필요했던 그들에게
살포시 감싸 안는다.

서평 때론 화끈하게 가끔 자유롭게

☐ 때론 화끈하게 가끔 자유롭게 뒤에
　남은 명작들
　　　　시인/아동문학가/문학박사/신현득　　186

☐ 발 간 사
　　　　시인/도서출판 농민문학 발행인/조한풍　　199

때론 화끈하게 가끔 자유롭게 뒤에 남은 명작들

시인/아동문학가/문학박사/ 신 현 득

 손순자 시인의 셋째 시집을 <때론 화끈하게 가끔 자유롭게>라 이름 지었다. 좋은 이름이다.
 80편이 모두 튼튼한 한 시다. 튼튼한 시 중에는 화끈한 시가 여러 편이다. 감동이 넘치는 시편도 꽤 여럿이다. 생활을 긍정하는 표현들이며, 표현들이 아름답다. 미래를 보는 눈으로 빚은 작품들이다. 작품마다 재미가 놓여있다. 그 재미 속을 헤치고 보면, 시의 안쪽에 생활 철학이라는 시의 알맹이가 반짝인다. 그 반짝임이 여러 가지다.
 그래서 모두 칭찬을 들을 만한 작품들이다. 그러나 적은 지면에 그 칭찬을 다 쓰지는 못한다.
 시의 소재들을 보면 자연과 생활 모두가 시의 테마가

되고 있다. 자연 속에는 사계절이 변화가 질서 있게 놓여 있고, 자연의 소재 중에서 꽃, 한 가지만 살펴봐도, 맨드라미·배꽃·감꽃·진달래·골담초·겨울 동백꽃·목련·벚꽃…, 백두대간에 핀 할미꽃까지 우리나라에 피는 꽃은 모두 손순자 제3 시집 속에서 승화된 시가 돼, 시의 꽃을 피우고 있다.

생활 소재를 보자 손순자의 시에는 가족 사랑·효도 우애가 짙게 형상화되고 있다. 사회도 생활의 일면이다. 코로나 19가 강한 이미지로 손순자 시에 등장하고 있다.

시인은 시 창작이 농사다. 평생의 농사다. 그러나 시 농사도 농사인 만큼 씨앗만 뿌려둬서는 아니 된다. 물과 거름을 줘야 하고, 땀을 뿌려야 하고, 사랑의 손으로 어루만져 가꾸는 게 시 농사다. 손순자의 시 농사에서는 시편마다 땀 흘린 자국이 보이고 있다.

우선 손순자 시인이 제3 시집을 출간하는 만큼 시력의 연륜인 세월의 흔적 <그리고 세월이 흐른 뒤>라는 시편부터 살피면서 이야기를 계속할까 보다.

    35년이란 긴 세월 앞에서
    무색 하리 만큼이나 설레임 가득 담고

조심스레 들어선 성전
그때나 지금이나 내 안에 흐르는
성스러움은 달라질 것도 없다지만
왈칵 솟구치는 그리움에 딴청 피웠던
그 사이 옹골차게 벽을 기어오르는
담쟁이덩굴은 나의 길었던 사연을
알고 있을 터

이곳 구미 원평 성당
내 젊음이 남실거릴 때 세례를 받고
견진을 받았던 잊지 못할 성전
주임 신부님의 따스함으로 돌아오는 길
온통 꽃길이 되었던
멀고 먼 35년 전의 때 묻지 않은
사연들 늦가을 그 리듬 타고
사그랑 사그랑 내게로
찾아 왔다.
  <「그리고 세월이 흐른 뒤」 부분>

설레임을 가슴 가득 담은 시인이, 성전에 들어섰다.

어린 나이에 신앙으로 구원을 받아 왔던 구미 원평성당. 그리고 35년 세월이 흐른 뒤에야 찾아와 옛날을 돌이킨다. 꿈속에 환상으로 나타나던 곳이다. 마음에 간절했던 성전이다. 그 때나 지금이나 내 안에 흐르는 신앙은 변함이 없건만 세월은 흘렀다.

그 세월이 흐른 뒤에도 성전의 담벽을 옹골차게 기어오르는 담쟁이덩굴은 내 사연을 알고 있을 것 같다. 젊음이 남실대는 나이에 세례를 받고, 견진을 받았던 곳이다. 주임신부님 따스한 손길이 남은 곳이다. 그 길이 온통 꽃길이었다.

그 꽃길에 세월이 놓이고, 그리움이 놓이고, 설레임이 놓여 있다. 그리고 따뜻한 믿음이 놓여, 다시 큰 꽃을 이룬 신앙의 시다.

다음으로 그럼 효도를 가르치는 가정 테마의 대작 한 편을 살펴보자.

> 엄마의 신음 소리가 심장을 뜨겁게 달구던
> 내게도 한땐 삐딱 선을 타고 싶은
> 풋내 나는 어린 시절 모든 게
> 거꾸로 보일 때가 있었어

너도 그랬었니
그래서 나만 보면 얼레고 안아 달라
그렇게 칭얼댄 거니

그때 울 엄마처럼 나도 돌아가고 싶을 때
꾹꾹 눌러 담은 것들이 화병이 되는 것을 처음 알게 되었어

시시때때 손 내밀면 금고가 꽉 차 있는 게
아니라는 걸
세상 살다 보니 눈에 보이고
가슴으로 참아내는 일 일상으로
되어 버린다는 교훈도 얻었지.
<「사랑 기법」 부분>

시의 화자가 어머니인 것으로 보인다. 안고 있는 아이에게 엄마도 엄마의 엄마인 할머니를 속상하게 한 일이 있다고 한다. 너는 그러지 말라는 타이름이다. 모든 게 거꾸로 보이는 아이가 타는 배가 삐딱선이다. 삐딱선은 기울고 있는 잘못된 배다. 삐딱선을 탄 엄마는 할머니에

게 신음소리가 나게 하고 심장을 뜨겁게 했다는 것.

어머니는 아이에게, 엄마만 보면 얼러 달라, 안아 달라 하는 너도 그런 일이 있느냐고 묻는다. 그리고 못난 자녀들에게 시달리는 부모들은 화병이 생긴다는 걸 일러준다.

엄마의 돈주머니가 항상 꽉 차 있는 게 아니니 때를 봐가며, 갖고 싶은 것, 먹고 싶은 것을 말하라는 엄마의 가르침이다. 엄마도 세상을 살면서 참아내는 교훈을 얻었다는 것.

아이에게 부모를 사랑하는 방법 즉 효도를 가르치는 게 대작 「사랑 기법」의 주제다. 아이를 가르치기 위해 엄마의 삐딱선, 화병 등은 과장되거나 지어낸 이야기 같다.

아이는 엄마 말씀에 귀를 기울이고 있다. 엄마 말씀을 실천하겠다는 다짐을 하는 듯하다.

다음으로 계절의 순환을 노래한 자연 소재의 시 한 편을 들여다볼까?

얼렸다 풀렸다 반복되길 수차례
지난 겨울 유난히 맹추위가

기승을 부렸지만 오는 듯 가는 듯
그 사이를 틈타 결국 봄이 오는
통로가 열렸다

다신 오지 않을 것 같은 겨울 강은
꽁꽁 얼어붙어 코로나19와 맞물려
더 에워싸야만 했고 햇살마저
구름을 이불 삼아 은둔 생활을 했다

오지 말아야 할 길
따뜻한 온기가 사라지고
온정보단 서로가 멀어져야
살아갈 수 있는 참 춥고 어두운
터널 속에서도 봄은 그렇게 살포시 내려앉았다

아지랑이 가물가물 몸과 맘
훌훌 털어 숨쉬기조차 버거워 했던
지난 시간 그 아찔한 통로를 건너
백목련 꽃은 수줍게 피어오르던 날
사나운 바람과

도도한 자태는 빛으로 온몸 발산하며
사르르 녹아내리는
가장 영롱함으로 우리 곁에 왔다.
<「겨울강 건너 봄이 오고 있어」 전문>

계절 또한 코로나19의 영향을 받는다. 그래서 봄이 겨울강 건너기가 매우 힘들었다. 겨울에 맹추위가 기승을 부려 강이 꽁꽁 얼어붙었다가 풀리기를 수차례. 이것이 코로나19와 맞물려 햇살마저 구름을 이불 삼아 하늘에서 은둔 생활을 했다는 표현이 아주 제격이다.

인간의 거리 두기로 온정보다는 서로가 멀어져야 했던, 참으로 춥고 어두웠던 터널이 뚫려서 봄이 온 것.

숨쉬기조차 어렵고 버거웠던 시간에 아찔한 통로를 겨우 겨우 건너서 봄이 왔다. 백목련 꽃은 수줍게 피어오르고 사나웠던 바람의 도도했던 자태까지 사르르 녹아, 영롱한 자태로 우리 곁에 와서 봄을 무르익게 하고 있다. 마침내 봄이 겨울강을 건넜으니. 봄은 더욱 따뜻하다.

코로나로 힘든 시대를 이겨야할 독자에게 용기를 주는 시다. 코로나의 과정을 섬세하게 그리고 있어서 후세의 연구자들에게까지 연구대상이 됨직한 작품이다.

다음은 많고 많은 꽃노래 중에서 한 편을,

제 몸에 열기를 감당 못하고
후끈 달아올랐던 사계절의
따뜻한 온기를 품어 주던
한땐 초록의 꿈들이 탱글탱글
영글어 갈 때도 있었다

엄동설한 추위에도 붉게 타오르던
그해 겨울은 열정으로 부비 대던
수많은 인파 속에서도 웃음 잃지
않으려 무한대의 잣대를
고스란히 끌어안은 채
숨죽여 토해내던 수많은 사연들
그래도 괜찮다고 스스로 다독였다

내겐 또 하나의 동백을 싹 튀어야만
살아가는 현실을 순조롭게 마주
대할 수 있다는 건
흰 눈 속에서도 붉은 자기만의

    아집들의 똬리가 낯설지 않게
    촘촘히 엮어 순화하고 있었다는 것을.
              <「그 겨울 동백꽃-외도」 전문>

 남쪽 섬 외도의 동백꽃을 시의 대상으로 삼았다.
 상록수 동백은 참으로 특수한 꽃이요, 식물이다. 제 몸의 열기를 봄·여름·가을에 감당할 수 없었던 그것을 한겨울 추위 속에 내뿜은 것이 동백꽃이다. 그 표현이 시답다.
 그런데 내 곁에 하나의 동백꽃을 싹틔워 길러보고 싶다는 게 시인의 생각이다. 그 강인한 동백꽃 정신으로 현실을 순조롭게 헤쳐가기 위해서라 했다. 흰 눈 속에서도 붉은 빛 자기를 내세우는 집념의 똬리가 낯설지 않게 하기 위해서는 여러 그루의 동백을 곁에 두고 싶다는 생각. 마지막으로 손순자 시인 자신의 테마시 한 편을 들어보기로 하자.

    때론 흔들림과 직립하며
    꽃 멀미로 지독한 몸살로 앓아누운 적도
    풋사과가 탈바꿈 할 때

나를 달뜨게 했던 것도
붉디붉은 저 사과 아닌
사과들에 진행형이었던 것과

참 오랜 세월 고목나무처럼
마른버짐 번지면서 계절을
거뜬히 건너갈 수 있었던 것도
함께 동행해 준 그 사람의 넉넉함이란 걸
빛의 속도에 세월이었다

널브러진 생각의 차이성을
가끔은 신맛과 달달함으로
조합할 수 있었던 걸
온전한 겨울사과의 큰 역할
분담이 있었던 사실은
흥건한 진액달인 겨울사과 먹고
더 늦기 전 후회하지 않도록
사과를 해야겠다
오늘처럼 후끈 달아 오른 날.

<「사과 먹고 사과하다」-부분>

결혼 34주년이다. 참 오랜 세월 고목나무처럼 함께 동행해 준 그 사람의 넉넉함이란 걸 생각하면 그 34년이 어제인 듯 느껴지는 빛의 속도의 세월이었다는 것.
 살아온 그 동안 사과를 나눠 먹듯이 부부간 정다웠던 때가 대분이었지만, 때론 오해가 생겨 다툼을 하고 나면 속 좁은 자신의 잘못임을 깨닫게 되고, 동행자인 넉넉한 그 분에게 사과를 할 때가 있다는 것.
 우리말에는 과일을 대표하는 '사과'가 있고, 인정을 회복시키는 동음이의어 '사과'가 있는 것이 얼마나 다행인가. 결혼기념일에 그 동음이의어를 활용해서 시 한 편을 빚고 보니 「사과 먹고 사과하다」가 된 것.
 웨딩마치 울릴 때는 신부 나는 탱글탱글한 풋사과였지. 젊음을 담보로 한 오만 때문에 자신을 들여다볼 줄 몰랐다. 살다 보니 꽃 멀미도 앓고, 지독한 몸살로 앓아 누울 때도 있었다는 것.
 이제 결혼 34년이니 나는 풋사과를 지난 붉은 사과다. 그리고 넉넉한 그분께는 사과할 것이 조금은 남아 있다. 신맛과 달달함으로 온전한 겨울사과의 큰 역할을 하게 된 것이니. 겨울 사과 진액을 달인 걸 먹고, 더 늦기 전에 그분께 남은 사과를 해야겠다는 거다. 정말로 「사

과 먹고 사과하기」가 된 거다. 오늘 결혼 34주년 기념일
에.

 그럼 제호의 시로 돌아가서 전체의 시를 다시 보자.
제호의 시 「때론 화끈하게 가끔 자유롭게」 는 신앙 시
였다. 제호의 시는 전체 시를 안아서 자신의 큰 품에
품어 줘야 하는 건데, 제호의 시와 닮은 시가 눈에 띄지
않는다는 것. 그건 몰라서 하는 소리다.

 신앙인이 생각에는 우리의 자연이란 절대자의 창조물
이라는 걸 알면 된다. 아울러 우리의 생활 어느 한 곳에
도 절대자의 손길이 닿지 않은 곳이 없다는 걸 알면,
자연과 생활을 노래한 손순자 제3 시집 전체가 하나이
손길에 이어지고 있음을 알게 된다.
 손순자 시인의 정진이 계속 되기를 … ❖

발 ■ 간 ■ 사

시인/도서출판 농민문학 발행인/ 조 한 풍

　시인은 언어의 건축사요, 삶의 고난과 재앙을 발효시키는 감성발효사이다. 도시라는 공간에는 늘 새로운 건물이 들어서듯이 술 익는 마을에도 늘 새로운 시인들의 시편이 들어선다. 그러나 요즘의 서점은 백화점식이다. 그만큼 다양하다는 것이다. 서점 안을 장악한 새로운 책들에 밀려 시집은 한쪽으로 몰리고 분양도 잘 안 된다. 서점에서 분양이 안 되는 시집이라고 해서 시인들이 시를 쓰지 않는 것은 아니다. 이러한 점은 예나 지금이나 마찬가지다. 독자들이 외면한다고 해서 시를 쓰지 않는 시인은 거의 없다. 시인은 자아의 발로요 표현하고 싶은 요구를 분출한다. 마치 화산이 폭발하듯 내면에 쌓여있던 응축된 에너지를 분출시킨다. 감성이 응축된 에너지는 열정이지만 분출하는 방법은 각기 다르다. 특히 시인은 언어로 예술화시킨다. 이런 점에서 그 시인의 품성, 예술성의 솜씨, 지성의 수준 등을 엿볼 수 있다. 그러한 관점에서 손 시인은 시를 다룰 아는 세련된 시인이라 할 수 있다. 자신의 감정을 아무런 여과 없이 분출한다고 해보자 그것은 그냥 사람이 소리치는 기호에 지나지 않는다. 그리고 솜씨 없는 평범한 사람이 소리쳤다고 보자 그럼 그것은 듣기 싫은 소음에 지나지 않는다. 그러나 시인이라는 인증된 시인들도 시인마다 각개의 독특한 시의 얼개를 가지고 있다. 이 시의 얼개는 그 시인의 삶의 흔적이요 학습된 주체적, 기술적, 시적 공간으로 이루어진다. 이런 점에서 손 시인의 시는 잘 발효된 감정을 시라는 언어의 얼개로 여과시킨 고순도 삶의 발효주이기도 하다. ❖

때론 화끈하게 가끔 자유롭게

손 순 자 제3 시집